AF509366

LA CRÉMATION

PAR

Le Docteur E. MONIN

AVEC LETTRE-PRÉFACE

Du Docteur PROSPER DE PIETRA SANTA

PRIX: 30 Centimes

PARIS

ADMINISTRATION DE *L'HYGIÈNE PRATIQUE*

14, RUE DE LA TOUR-D'AUVERGNE, 14

1883

LA CRÉMATION

PAR

LE DOCTEUR E. MONIN

LA CRÉMATION

A M. le Docteur E. MONIN

Rédacteur de *l'Hygiène Pratique*

Mon cher collaborateur,

Je viens de lire, avec un vif intérêt, les articles sur la
Crémation, que vous désirez publier dans les colonnes
de l'*Hygiène pratique*. Non seulement j'en approuve
le fond et la forme, mais encore je propose à notre Administrateur délégué de les réunir dans une brochure,
à un prix de vente très modéré, accessible à la bourse
de la généralité de nos lecteurs.

Tous ceux qui se préoccupent des graves problèmes
d'hygiène publique qui se rattachent à la question des
Cimetières, seront bien aises de conserver, et de consul-
ter, cet exposé méthodique et précis des pratiques de
l'incinération des morts.

Il ne faut pas se le dissimuler, l'opinion publique n'a
pas encore compris l'importance et la valeur de cette

grande réforme hygiénique ; naguère encore, un confrère distingué, M. Ladreit de Lacharrière, la combattait avec un certain succès devant la Société de médecine légale, pendant que M. le Dr Riant ne craignait pas de s'écrier, en plein Congrès d'hygiène de Paris: « Il y a quelques inventeurs de fours crématoires ; il y en a même plus jusqu'ici que de sujets qui consentent à être brûlés. Voilà la vérité ! »

Dans ces conditions, il appartient à l'*Hygiène pratique* de marcher à l'avant-garde des écrivains qui poursuivent le bon combat, par l'article de journal, par la brochure, par la conférence.

Avec le brillant Etat-major de notre Comité de rédaction, il ne s'agit pas seulement pour nous, d'intéresser nos lecteurs, en les amusant, en leur donnant des conseils utiles et des préceptes pratiques, il faut aussi les initier aux notions et recherches plus élevées de l'hygiène publique et de la salubrité. Il est indispensable de poursuivre lentement mais sûrement, cette éducation première et progressive.

Si ce n'était pas là notre raison d'être, nous n'aurions qu'à faire appel à l'intelligent ciseau de l'un des hygiénistes de la nouvelle école, qui, dans leur course effrénée à travers la notoriété, ont même oublié en route leur diplôme de docteur.

Revenant à la crémation, je rappellerai par des dates précises l'importance des résultats obtenus, en restant fidèle à la devise du *Journal d'hygiène :*
Progrès par la science. Liberté par l'étude et la conviction!

Lorsque j'ai présenté, en 1872, au Comité de rédaction de l'*Union médicale* ma première étude sur la *Crémation en Italie*, j'ai été ajourné sur toute la ligne, et il n'a fallu rien moins que la conviction éclairée d'Amédée

Latour, pour faire à ma prose, en temps de vacances, les honneurs du feuilleton.

Même accueil et mêmes hésitations, deux ans plus tard, auprès du Comité de rédaction des *Annales d'hygiène*, alors que désireux d'utiliser le *dossier le plus complet* sur la matière, j'ai voulu présenter l'*État de la question* dans les diverses contrées de l'Europe.

Actuellement (1882 et 1883), il n'y a pas de journal quotidien, pas de revue mensuelle, pas de publication hebdomadaire, qui n'ait consacré un ou plusieurs articles à ce nouveau mode d'inhumation.

Le Conseil municipal de Paris a conduit la campagne avec une ardeur toute juvénile, et la Chambre des députés est saisie d'un projet de loi dû à l'initiative privée des membres les plus éminents de la majorité.

En portant nos regards au delà de nos frontières, nous voyons la question de crémation soigneusement étudiée et brillamment soutenue par les écrivains et les hygiénistes les plus illustres. La Société de crémation de Londres a fait construire l'important crématoire de Woking, celles de Bruxelles et d'Amsterdam se sont adressées à leurs Parlements respectifs pour obtenir l'incinération facultative.

C'est en Allemagne qu'ont été opérées les premières incinérations sous le contrôle scientifique, et avec des appareils Siemens, qui demeurent encore aujourd'hui les plus perfectionnés.

En autorisant la crémation, le gouvernement de Gotha a édicté des arrêtés et des ordonnances qui donnent toutes les garanties désirables à la société, à la justice, aux croyances religieuses, aux cérémonies funèbres, aux sentiments de la famille, au culte toujours respecté des morts.

Lorsque la question de la crémation s'est posée dans

les Congrès scientifiques d'Italie par la parole brillante et convaincue de Ferdinand Coletti, par les recherches expérimentales de Giovanni Polli, un courant d'opinion des mieux accentués s'est prononcé en faveur de la réforme. Les pouvoirs publics n'ont pu résister au mouvement d'impulsion vers le progrès, et bientôt le mot *Crémation* a trouvé place dans le Code sanitaire du Royaume.

Malheureusement la doctrine *L'Italia farà da se*, est aujourd'hui soutenue par de jeunes et ardents apôtres, plus préoccupés de leur personnalité tapageuse, du triomphe de leurs idées politiques et de la glorification de leurs principes philosophiques, que des recherches expérimentales et scientifiques.

C'est encore le four Gorini qui fonctionne dans le cimetière Monumental de Milan, et c'est avec ce genre d'appareils que l'on emploie plus de deux heures pour incinérer le petit cadavre d'un enfant de six mois, avec dispersion sacrilège des débris osseux.

Aussi pendant que d'une part, la Société de crémation de Milan s'efforce, *per fas et nefas*, de se placer à la tête du mouvement crémationiste dans les deux Mondes ; à Milan même, dans l'un des journaux de médecine les plus autorisés de la Péninsule, M. le Pr Porro jette à la face des utilitaires et libres-penseurs de l'endroit cette apostrophe :

« J'affirme que la manière dont vous pratiquez la crémation dans le four Gorini, n'est pas conforme aux exigences de l'hygiène, de la civilisation, de la justice et des sentiments. »

Inutile de rechercher ici, mon cher confrère, si les moyens employés en France pour le triomphe de la réforme hygiénique, ont été les plus intelligents et surtout les plus pratiques.

Je n'ai cité les exemples de l'Allemagne et de l'Italie que pour bien déterminer de quel côté se trouvent les vrais principes du progrès et de la civilisation.

La crémation des morts est avant tout une question d'hygiène publique et de salubrité.

Vouloir faire entrer en ligne de compte les opinions politiques et les croyances religieuses, c'est s'exposer bénévolement à un échec certain et irrémédiable.

Imposer à cette réforme les couleurs du radicalisme ou de l'opportunisme, de la libre-pensée ou du positivisme, c'est vouloir la reléguer dans les bas-fonds de l'utopie.

Si l'on continue à suivre les tendances intransigeantes du moment, même en autorisant par des dispositions législatives la crémation *facultative* (car, jamais, au grand jamais, la France n'acceptera la crémation *obligatoire*), on rendra possible ce nouveau mode d'inhumation, mais il restera restreint et impopulaire, parce qu'il trouvera sans cesse contre lui cette légion d'hommes qui se désintéresse des luttes politiques, qui s'effraie du triomphe des opinions extrêmes, qui veut conserver ses sentiments de famille et ses croyances religieuses !

En résumé, mon cher collaborateur, si nous voulons triompher, et triompher d'une manière permanente, inscrivons sur notre bannière de vulgarisation ce programme tutélaire :

« Éclairer l'opinion publique, attaquer les préjugés et rassurer les esprits timorés, en affirmant toujours notre culte pour les sentiments sacrés de la justice, de la religion et de la famille ! »

Bien à vous.

Dr Prosper de Pietra Santa.

Rédacteur en Chef du *Journal d'Hygiène*

Paris, ce 20 mars 1883.

LA CRÉMATION

I

La crémation est, depuis bien des années, une question à l'ordre du jour. On nous dira qu'elle passionne peu l'opinion publique. Cela est vrai : mais il en est à peu près de même de toutes les grandes questions d'hygiène sociale. La discussion se trouve pendant longtemps circonscrite entre gens de métier, jusqu'au jour où, la vulgarisation de la plume et de la parole aidant, surgit tout à coup un grand mouvement d'opinion, qui force la main aux législateurs.

Ce jour n'est pas loin de luire pour la crémation. Les partisans et les adversaires de cette grande réforme ont, peu à peu, dépouillé leur argumentation du *parti pris* qu'ils s'entêtaient, les uns et les autres, à y mettre. Une Société pour propager la crémation s'est constituée en France sous la présidence d'un homme sympathique entre tous, de M. Kœchlin-Schwartz. Les assemblées municipales et législatives ont étudié avec soin cette importante *révision* du mode de sépulture, dont les hygiénistes et les ingénieurs observaient, à des points de vue distincts, les différentes faces. En un mot, la nécessité des salutaires pratiques de la destruction des corps par le feu, s'impose chaque jour de plus en plus à tous les bons esprits, comme une nécessité de police sanitaire et de sociologie.

II

L'idée de brûler les corps n'est pas neuve en France, où rien n'est nouveau que ce qui a vieilli. La grande Révolution, dans laquelle se trouvent en germes toutes les réformes sociales présentes et à venir, avait bien compris l'importance de la crémation, puisque le Conseil des Cinq-Cents déposa, en l'an V, un remarquable rapport en sa faveur. Mais, à cette époque, l'industrie et la science chimique, qui bégayaient à peine, étaient incapables de résoudre les difficultés pratiques de l'incinération. La proposition du Conseil des Cinq-Cents fut rejetée, sous le prétexte économique qu'il fallait trop de combustible. Autant vaudrait aujourd'hui rééditer, contre les opérations crématoires, l'argument de Cicéron (*de Republicâ*), qui craignait qu'elles n'allumassent trop d'incendies !

La question de la crémation revint, au commencement du dernier Empire, lorsqu'il s'agit de déporter les morts parisiens en créant au loin de nouveaux cimetières (1854). Le Dr Caffe écrivait à cette époque : « La crémation est un système funéraire qui réunit à la fois toutes les conditions réclamées par la morale et la religion, l'hygiène et l'économie domestique. » Rien n'est plus vrai que cette proposition : tout nous prouve que l'incinération des corps constitue un réel progrès social. Les données historiques nous montrent que, chez tous les peuples anciens qui brûlaient leurs morts (Égyptiens, Troyens, Grecs, Hindous, Mexicains, etc.), la religion et le culte des morts étaient singulièrement en honneur. Et ce n'est pas seulement (comme on pour-

rait le croire) par des considérations d'hygiène, en quelque sorte inconsciente, que ces peuples guerriers inciné-
raient les cadavres. Chez les Germains, par exemple, les
chefs seuls avaient le droit à la crémation, qui était un
de leurs privilèges. L'un des plus vieux épisodes de
l'histoire ancienne nous montre Artémise buvant, mêlées
à du vin, les cendres de son époux Mausole ; or, chacun
sait qu'Artémise est, pour ainsi dire, le type de la religion et de la vertu domestique.

Il est donc vrai de dire, avec le Dr de Pietra Santa,
que « l'incinération est en rapport direct avec la civilisation », et l'apanage des peuples qui nous ont laissé les
traces d'une civilisation avancée et d'une religion
vivace. Impossible alors de refuser la crémation, sous
prétexte qu'elle serait une pratique jetée en pâture au
matérialisme, « cette canaille de doctrine », comme
l'appelait le R. P. Lacordaire dans le langage *imagé* de
ses conférences de Toulouse!

« La superstition, a dit excellemment Sprengel, est le
tombeau de la science. » Or, qu'est, en somme, le culte
des morts? Une pratique superstitieuse au premier
chef; l'expression du fétichisme le plus irréfléchi : il
faut avoir le courage de le dire. Si vous êtes matéria-
liste, pouvez-vous avoir un culte pour l'eau, l'ammoniaque et les composés carbonés, aboutissants terminaux
de notre décomposition organique? Si, au contraire,
vous êtes spiritualiste, pouvez-vous identifier l'âme avec
sa dépouille mortelle dont vous la séparez nettement
dans vos croyances?

Si nous sommes une statue
Sculptée à l'image de Dieu;
Quand cette image est abattue,
Jetons-en les débris au feu!

> Toi, forme immortelle, remonte
> Dans la flamme, aux sources du Beau,
> Sans que ton argile ait la honte
> Et les misères du tombeau !

dit notre Théophile Gautier.

Ne vous étonnez pas de ces arguments, qui sont loin d'être hors de saison, pour la solution d'une question où un sentimentalisme mal entendu joue souvent le plus grand rôle. Nous aurons, d'ailleurs, l'occasion d'y revenir au cours de ce petit travail.

Ce qu'il faut bien voir, c'est que les progrès de l'hygiène publique, « cette moralité des sociétés » (Paul Bert), sont en train de rendre indispensable l'incinération des corps, au moins dans les grandes villes. A Paris, où il meurt 140 personnes environ par jour, les cimetières deviennent de véritables charniers. De jour en jour, se rétrécit le domicile des cadavres : le mort saisit le vif. Nos nécropoles deviennent des laboratoires insalubres, où se fabriquent sans trêve les miasmes les plus pestilentiels, qui se disputent, à l'envi, l'air que nous respirons et les eaux que nous ingérons. « Capitales et nécropoles, dit J. Barbey d'Aurévilly, sont choses et mots congénères. Ce qui se passe sur la terre, dans ces furieux entassements d'hommes en un espace déterminé, se passe identiquement dessous, et la corruption de la mort est adéquate à la corruption de la vie. »

III

Quoi ! nous n'avons pas assez de moqueries pour le *fatalisme* des Musulmans, qui ne cherchent pas la prévention de leurs épidémies, sous prétexte que « c'est écrit », et nous laissons, autour de nous, les morts distiller en paix les miasmes putrides où presque toutes les épidémies viennent puiser leurs éléments et, pour ainsi dire, leur existence ! Combien ne serait-il pas plus raisonnable, plus humain, de faire nous-mêmes, *en deux heures*, le travail destructeur que la nature fait en sept ans ? La crémation laisse de l'homme un résidu consistant en 3 kilogrammes environ d'une poudre blanche ; elle accomplit en quelques instants ce que la putréfaction met des années à accomplir, c'est-à-dire le travail de désorganisation du corps humain et le retour de ses éléments constitutifs (eau, acide carbonique, sels, ammoniaque, etc.) à la nature minérale ou organique. Alors, faisons la crémation : *quo natura vergit, eo ducendum*, telle doit être la devise du Progrès et de l'Humanité.

Nombreux sont les avantages de la crémation. Elle met un terme aux exhumations et à leurs horreurs. Quel est le partisan le plus résolu de l'inhumation qui, au spectacle d'un cadavre exhumé après quelques mois, ne deviendrait le plus enragé *crémationiste?* Il suffit de relire certain passage de *la Dame aux Camélias* pour ressentir l'impression dégoûtante que produit une exhumation. La crémation ferait également disparaître une crainte, plus ou moins légitime, mais en tout cas fortement enracinée chez certains esprits (Edgar Poë), *la crainte d'être enterré vivant*; il est bien certain que les manipulations préalables et le temps des formalités légales qu'on exigerait pour la crémation, décèleraient la mort apparente et rendraient impossibles les enterrements prématurés.

Enfin, la morale, elle aussi, gagnerait aux pratiques crématoires. Il est certain que l'oubli, « cette fleur qui pousse sur les tombes », souillerait moins les urnes funéraires qu'il ne souille les tombeaux, où *sont censées re-*

poser les dépouilles de nos parents, à chaque instant dispersées par un labourage sacrilège « reconnu d'utilité publique ! »

La dépense entraînée par l'incinération des corps est fort minime, puisqu'une crémation, par le système Gorini, revient à huit francs. L'économie vient donc s'ajouter encore à la salubrité et à la moralité de la réforme. L'industrie moderne, appuyée sur la mécanique et sur la chimie, a produit des appareils crématoires d'un résultat pratique étonnant. L'Allemagne surtout possède des fours extraordinaires par leur perfection : celui de Siemens, entre autres, est un chef-d'œuvre dans le genre, puisque l'incinération du corps humain s'y opère en trente minutes !

Comme nous ne voulons pas faire ici une œuvre technique, mais un simple article de vulgarisation, nous ne décrirons pas le détail des pratiques crématoires et des appareils qui s'y rattachent. Nous signalerons seulement les appareils français (fourneaux de Cadet, de Müller et Fichet, de Lagénardière); les systèmes crématoires italiens de Giovanni Polli et Clericetti, Gorini, Brunetti, Pomma-Venini; les appareils allemands, anglais, suisses, belges, américains. A la vue de tant d'appareils pratiques (dont la construction remonte à plusieurs années et dont les admirables perfectionnements figurèrent avec éclat à notre grande Exposition de 1878), on se demande comment l'Administration n'utilise pas couramment la crémation pour consumer les débris malsains, infects et encombrants de nos amphithéâtres d'anatomie.

IV

A l'exemple de MM. de Pietra Santa et de Nan-
souty (1), nous ferons rentrer les fours crématoires connus dans deux classes : les *fours à cornue* distillant les
cadavres et utilisant industriellement les produits de
cette distillation, et les *fours à gaz* brûlant les corps et
les anéantissant complètement par la destruction de
tous leurs produits constituants. Ces derniers appareils
ne laissent du corps humain que trois kilogrammes de
cendres, que l'on recueille absolument pures. Avec les
précédents auteurs (qu'on ne peut ne pas citer en par-
lant de la crémation), nous rejetterons la méthode *utili-
taire* de la cornue. L'avenir est évidemment aux fours à
gaz, « qui laissent la poussière retourner à la poussière,
sans porter sur elle, au passage, une main industrielle
qui pourrait sembler sacrilège. »

Quelques adversaires de la crémation ont semblé
craindre que l'encombrement par les urnes funéraires
ne vienne succéder à l'encombrement par les cadavres.
D'abord, l'encombrement des cendres ne présente aucun
danger pour la santé publique. Et puis, n'est-il pas indi-
qué que l'on créera des monuments crématoires (analo-
gues aux *columbariums* antiques ou au *temple funéraire*
de Milan,) renfermant des niches pour le dépôt des
urnes? Les fouilles de Pompéi ont découvert plusieurs
de ces monuments entourés, par les anciens Romains,
de la plus sacrée vénération.

---

(1) LA CRÉMATION : Sa raison d'être, son historique. Les appareils actuellement mis en usage pour la réaliser. État de la
question en Europe, en Amérique et en Asie. Brochure grand
in-8° avec 1 planche et 20 figures. Paris 1881.

V

La seule objection, un peu scientifique, qu'on ait pu faire à la crémation, est qu'elle empêche les recherches *post mortem* de la médecine judiciaire. Cette objection peut avoir des apparences plausibles, en un siècle où il faut, comme l'a dit Michelet, que la justice devienne une médecine et la médecine une justice. Pour ce qui est des coups et blessures, questions d'identité, de grossesse, d'avortement, etc., la crémation ne serait pas un mal, mais bien plutôt un bien. Elle forcerait, en effet, les municipalités à apporter plus de soins dans la recherche des causes et des circonstances des décès, recherche si communément négligée et incomplète. Cet excès même de soins retentirait forcément sur la criminalité pour en diminuer la lugubre statistique, car les criminels réfléchiraient, avant de commettre leurs méfaits, à la sévérité inusitée d'une enquête judiciaire sur les causes de la mort. Quant à la question des empoisonnements, les chimistes les plus compétents ont prouvé que l'incinération ne fait disparaître, en fait de toxiques, que ceux que la chimie décèle le plus malaisément sur le cadavre. Que de crimes et de condamnations à mort on a prononcés, d'ailleurs, au nom de la chimie, après les expertises médico-judiciaires les plus controversées! Et puis, c'est *bien exceptionnellement* que les empoisonnements sont causes d'exhumations. En huit ans, trois cas seulement ont été reconnus, par exhumation, dans le département de la Seine ; pour ces trois cas, deux auraient été aisément connus si l'on avait fait l'enquête préalable que la crémation rendra obligatoire (G. Bergeron). Et les embaumements, qui sont un mode de sépulture encombrant, cher et rétrograde, les embaumements empêchent, eux aussi, les recherches médico-légales et rendent impossible la découverte *post mortem* des empoisonnements! Nous ne voyons point pourtant la loi proscrire les embaumements! L'argument tiré de la médecine légale tombera, du reste, de lui-même, si nous considérons ce qui a lieu dans les pays où la crémation est autorisée, en Italie et en Allemagne (gouvernement de Gotha), par exemple. Le défunt, par testament, et la famille, *vivá voce*, expriment, d'abord, le désir qu'il soit procédé à l'incinération du cadavre. Alors, le médecin légiste vient constater le décès et élucider ses causes; enfin, la Commune procède, elle-même, à une enquête sur les circonstances qui ont accompagné la mort. De cette manière, la médecine légale est satisfaite, et, s'il existe des doutes sur les derniers jours du défunt, ces doutes sont aplanis d'emblée. Au reste, ce n'est pas pour quelques cas isolés, où un criminel sur cent mille viendrait à échapper (grâce aux pratiques crématoires), aux rigueurs de la justice, qu'il faudrait continuer à empoisonner, au nom de cette science (?) appelée *médecine légale,* des milliers d'êtres vivants nourris des immondes émanations de nos nécropoles insalubres!...

VI

La crémation est admise, depuis 1878, dans le code sanitaire de l'Italie: en 1881. Milan a vu 200 incinérations, parmi lesquelles celle du professeur Polli. En 1874, le Conseil de la ville de Vienne (Autriche), en 1875, celui de Dresde, adoptaient d'acclamation cette importante réforme du mode de sépulture. Gotha a rendu la crémation facultative ; Berlin également. En Belgique, en Hollande et en Angleterre, un vif mouvement d'opinion s'est élevé en sa faveur, et les sociétés de propagande de la crémation voient (comme aussi notre société française) le nombre de leurs adhérents grossir tous les jours.

Au Conseil municipal de Paris, M. Cadet a soumis, pour la première fois en 1873, cette importante question aux délibérations des hommes compétents. Deux fois le Conseil, malgré les *impedimenta* peu justifiés des Ministres de l'intérieur et de la justice, a persisté à émettre un avis favorable, et deux fois, par la bouche de MM. S. Morin et G. Martin, il a invité le Gouvernement à présenter une loi autorisant l'incinération des morts. L'obligation de la crémation existera plus tard, alors que l'encombrement sera à son comble et qu'il sera impossible de déporter davantage les morts. Mais, pour le moment, le gouvernement devrait au moins nous accorder la crémation *facultative*. Pourquoi des lois restrictives atteignent-elles, même après la mort, la liberté du citoyen, liberté si entamée déjà durant sa vie? Pourquoi ne lui est-il pas permis de préférer pour son cadavre l'incinération à l'inhumation?.....

VII

La France ne doit pas, ne peut pas, rester en arrière dans une semblable question. Partout où il y a progrès, en hygiène ou en sociologie, elle doit rester en tête. — Dans des jours néfastes, la crémation fut appliquée, chez nous, avec le plus grand succès. En 1814, les

Allemands brûlèrent sous les murs de Paris (sur les bûchers de Montfaucon) plus de 4,000 cadavres. Sans l'incinération, le champ de bataille de Sedan serait devenu, en 1870, un énorme et infect foyer de maladies putrides. Heureusement on eut l'idée d'appliquer aux cadavres un système crématoire, primitif et sauvage peut-être, mais fort efficace : le *système Créteur*. On arrosa les fosses des soldats avec l'acide phénique, le chlorure de chaux, le goudron et le pétrole ; on enflamma le tout. L'initiative privée remédiait ainsi, aux applaudissements de tous, à ce dangereux *desideratum*, l'encombrement par les cadavres.

. . . .

Nous croyons en avoir assez dit pour prouver que la crémation doit intéresser puissamment tous ceux qui ont à cœur les progrès de l'hygiène générale; ainsi que ceux qui veulent la suprématie de la France dans les questions visant le progrès et l'avenir de l'humanité.

Un jour tout sera bien: voilà notre espérance.
Tout est bien aujourd'hui: voilà l'illusion !

Dr E. MONIN.

APPENDICE

CHAMBRE DES DÉPUTÉS

Proposition de loi présentée par M. Paul Casimir-Périer
(Séance du 8 avril 1882.)

Art. 1er. — Tout citoyen pourra, par acte de dernière volonté, décider que son corps sera soumis à la crémation, au lieu d'être inhumé dans les conditions usitées jusqu'à ce jour. A défaut de l'expression de la volonté personnelle, toute famille ou toutes personnes qualifiées à cet effet, auront le droit de faire procéder à la crémation du corps de la personne décédée.

Art. 2. — En cas d'opposition fondée sur quelque motif que ce soit, il sera statué dans les vingt-quatre heures par le juge de paix du domicile, lequel pourra, soit ordonner qu'il sera sursis, soit ordonner l'inhumation provisoire, jusqu'à décision définitive.

Art. 3: — En cas de dénonciation de crime, ou d'action directe exercée par le ministère public, il devra être procédé à l'autopsie aux frais de qui de droit, préalablement à la crémation, et, sur le refus des intéressés, en l'absence d'une décision judiciaire, l'inhumation aurait lieu.

Art. 4. — Un règlement d'administration publique déterminera toutes les conditions de constatation préalable, d'ordre et de police, auxquelles devrait être subordonné l'exercice du droit accordé par la présente loi.

Art. 5. — Sont abrogées toutes les dispositions légales antérieures, contraires à la présente loi.

CONSEIL MUNICIPAL DE PARIS

Proposition tendant à la construction d'un Appareil crématoire.

Le Conseil,

Délibère :

L'Administration est invitée à présenter dans le plus bref délai possible, un projet pour la construction d'un premier édifice funéraire muni d'un appareil crématoire système Siemens.

Paris. — Imp. Ch. Schlaeber, 257, r. St-Honoré

JOURNAL D'HYGIÈNE

CLIMATOLOGIE

EAUX MINERALES, STATIONS HIVERNALES ET MARITIMES, EPIDEMIOLOGIE

Bulletin des Conseils d'Hygiène et de Salubrité

PUBLIÉ PAR

Le Dr PROSPER DE PIETRA SANTA

Le Journal paraît tous les Jeudis.

20 Francs par An **30, rue du Dragon.**

PARIS

L'HYGIÈNE PRATIQUE

LA MAISON, LA FAMILLE, L'ÉCOLE, L'ATELIER, LES CHAMPS
LA VILLE, L'ARMÉE

Rédigée par MM. Benjamin André, D' Ed. Barré, D' R. Blache, D' E. Blayac, Em. Cacheux, A. Chevrier, Ed. Chennevière, D' Dromain, D' P. Duverney, Louis Figuier, Camille Flammarion, Wilfrid de Fonvielle, Félix Hément, D' Hubert, D' Landur, D' Max. Legrand, D' Lucien Martin, Stanislas Meunier, D' E. Monin, Henri de Parville, Gaston Percheron, D' de Pietra Santa. Rambosson, D' E. Rivière, D' Ch. Saffray. D' H. Vigouroux.

Administrateur délégué, M. MARC DE ROSSIÉNY

14, Rue de la Tour d'Auvergne, Paris

Prix : 3 fr. par An.